VENTE

Du Vendredi 27 Février 1914

HOTEL DROUOT, SALLE N° 11

A DEUX HEURES

EXPOSITION PUBLIQUE

Le Jeudi 26 Février 1914

De deux heures à six heures

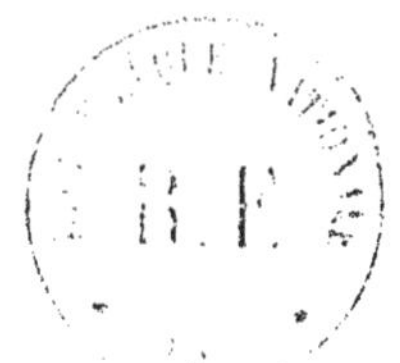

OBJETS D'ART ET MEUBLES ANCIENS

MINIATURE, TABLEAUX, PASTELS

SCULPTURES EN BOIS, MARBRE ET PIERRE

DES XVe, XVIe, XVIIe ET XVIIIe SIÈCLES

ARMES DE COUR ET DE COMBAT

DES XVIIe, XVIIIe ET XIXe SIÈCLES

Tapis d'Orient

TAPISSERIES

COMMISSAIRE-PRISEUR

Me Robert BIGNON

41, rue de la Victoire

EXPERT

M. Jules BATAILLE

57, rue des Mathurins

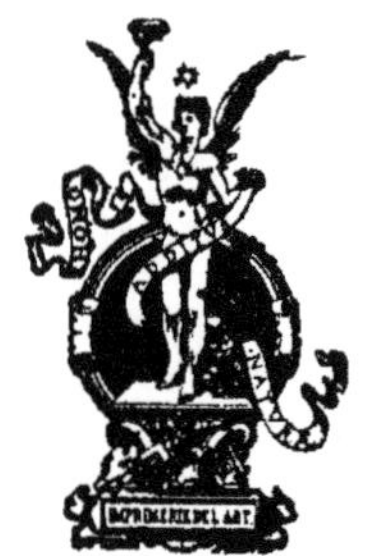

CATALOGUE

DES

Objets d'Art et Meubles Anciens

SIÈGES, TABLES A JEU, BUREAU

Jolie Console-Desserte en Acajou satiné de Dautriche

MINIATURE, TABLEAUX, PASTELS

BRONZE — PENDULE — FERS FORGÉS

PLAQUE EN ÉMAIL CHAMPLEVÉ

DU XIIIe SIÈCLE

SCULPTURES EN BOIS, MARBRE ET PIERRE

DES XVe, XVIe, XVIIe ET XVIIIe SIÈCLES

Armes de Cour et de Combat

DES XVIIe, XVIIIe ET XIXe SIÈCLES

TAPIS D'ORIENT

TAPISSERIES

DONT LA VENTE AURA LIEU A PARIS

HOTEL DROUOT, SALLE N° 11

LE VENDREDI 27 FÉVRIER 1914

à deux heures

Me ROBERT BIGNON
COMMISSAIRE-PRISEUR
41, rue de la Victoire

M. JULES BATAILLE
EXPERT
57, rue des Mathurins

EXPOSITION PUBLIQUE

Le Jeudi 26 Février 1914, de deux heures à six heures

CONDITIONS DE LA VENTE

Elle sera faite au comptant.

Les adjudicataires paieront *dix pour cent* en sus des enchères.

Paris. — Imp. de l'Art, Ch. Berger, 4, rue de la Victoire.

DÉSIGNATION

TABLEAUX, PASTELS

MINIATURE

1 — *La Vierge et l'Enfant.*

Petite peinture. Cadre en bois sculpté, XVIIe siècle.

ÉCOLE ITALIENNE (XVIIe siècle)

2 — *Parc avec monuments à colonnades : au premier plan, une fontaine.*

Panneau décoratif.

Haut., 90 cent.; larg., 1 m. 10 cent.

ÉCOLE ESPAGNOLE

3 — *Portrait d'un Seigneur en costume du XVIIe siècle.*

Peinture sur bois. Cadre en bois sculpté.

ÉCOLE FRANÇAISE (Fin du XVIIIe siècle)

4 — *Portrait d'une Jeune Femme en buste, robe blanche décolletée, collier de corail.*

Pastel de forme ovale. Cadre doré.

ÉCOLE FRANÇAISE

5 — *Portrait d'Homme en buste, habit bleu foncé avec jabot de dentelle.*

Pastel de forme ovale.

Pendant du précédent.

ÉCOLE FRANÇAISE (Fin du XVIIIe siècle)

6 — *Portrait de Madame la Duchesse d'U...*

Toile. Haut., 60 cent.; larg., 50 cent.

7 — *Portrait de Madame la Marquise de R..., en costume de dragons de Mortemart.*

Toile ovale. Haut., 20 cent.; larg., 65 cent.

8 — *Portrait du Duc de Ch., en costume de Dragon.*

Toile. Haut., 65 cent.; larg., 55 cent.

ÉCOLE FRANÇAISE (XVIIIe siècle)

9 — *Portrait de la Comtesse de L..., vêtue d'une robe claire ornée de rubans roses, coiffure en fleurs et plumes.*

Pastel de forme ovale. Signé : *de St-Michel, 1774.*

Haut., 56 cent.; larg , 46 cent.

ÉCOLE FRANÇAISE (XVIIIe siècle)

10 — *Les Quatre Saisons.*

Panneau décoratif en hauteur. Grisaille dans la manière de SAUVAGE.

Haut., 2 m. 15 cent.; larg., 95 cent.

11 — *Portrait présumé de la Reine Marie-Antoinette.*

En robe décolletée, de couleur rose, garnie de dentelles, coiffée d'un turban orné de plumes. Elle tient un bouquet dans la main gauche.

Grande miniature. Signée : *L. Gobbato.*

BRONZE, PENDULE, FER FORGÉ

ÉMAIL CHAMPLEVÉ

12 — Deux anciens pots, couverts, en étain, de forme godronnée; anses en bois.

13 — Plat en ancienne faïence de Delft, à ornements bleus; au centre, un personnage sous un dais. Époque Louis XIV.

14 — Plaque en cuivre champlevé et émaillé, à motifs d'anges agenouillés s'inscrivant dans des cercles entourés de fleurs stylisées. Provient vraisemblablement d'un côté de châsse. Limoges, XIIIe siècle. — Haut., 7 cent. 1/2; larg., 22 cent.

15 — Sucrière à poudre en argent, de forme ovoïde, montée sur piédouche, ornée d'attributs de chasse, musique, etc.; guirlande de fleurs, médaillon à personnages et feuilles d'eau.

16 — Grand plateau, de forme ovale, en acajou; anses en bronze. Époque Restauration.

17 — Quatre paires de landiers en fer forgé, pieds à volutes, tiges torsadées et corbeilles, XVIe et XVIIe siècles. Ce lot sera divisé.)

18 — Buste en bronze à patine verte, d'après l'antique. Socle en marbre. Italie, XVIIe siècle. — Haut. totale, 70 cent.

19 — Grande pendule en marbre blanc; le cadran, soutenu par deux montants avec urnes à panaches et ornés de statuettes de femme en bas-relief entourées de guirlande de fruits en bronze doré, est surmonté d'un aigle. Socle orné d'une frise en bronze doré. Époque Louis XVI. — Haut., 65 cent.; larg., 48 cent.

SCULPTURES EN BOIS

MARBRE ET PIERRE

20 — Chapiteau en marbre blanc.

21 — Croix en marbre blanc. XIIIe siècle.

22 — Deux aigles en terre cuite. Époque Empire. — Haut., 85 cent. environ.

23 — Fût de colonne en granit rose. — Haut., 90 cent.; diam., 20 cent.

24 — Fragment de buste en marbre blanc. XVIIIe siècle.

25 — Statue de saint Sébastien, incomplète, en pierre. Fin du XVIe siècle.

26 — Buste de Cérès, marbre blanc, XVIIIe siècle. — Haut., 80 cent. environ.

27 — Buste de Vitellius, marbre blanc. Fin du XVIe siècle. — Haut., 75 cent.

28 — Buste d'Esope, marbre blanc. Italie, fin du XVIe siècle.

29 — Buste en marbre blanc : Tête de Turc sur socle en marbre bleu. XVIIIe siècle. — Hauteur totale, 1 mètre environ.

30 — Buste, en marbre blanc : Femme turque. Socle en marbre bleu. XVIIIe siècle. Pendant du précédent.

31 — Statue de vigneron, marbre blanc. XVIIe siècle. — Haut., 98 cent. environ.

32 — Statue de personnage casqué, vêtu à l'antique à côté d'un lion sur la tête duquel il pose la main, marbre blanc. XVIIe siècle. — Haut., 98 cent.

N° 37

N° 38

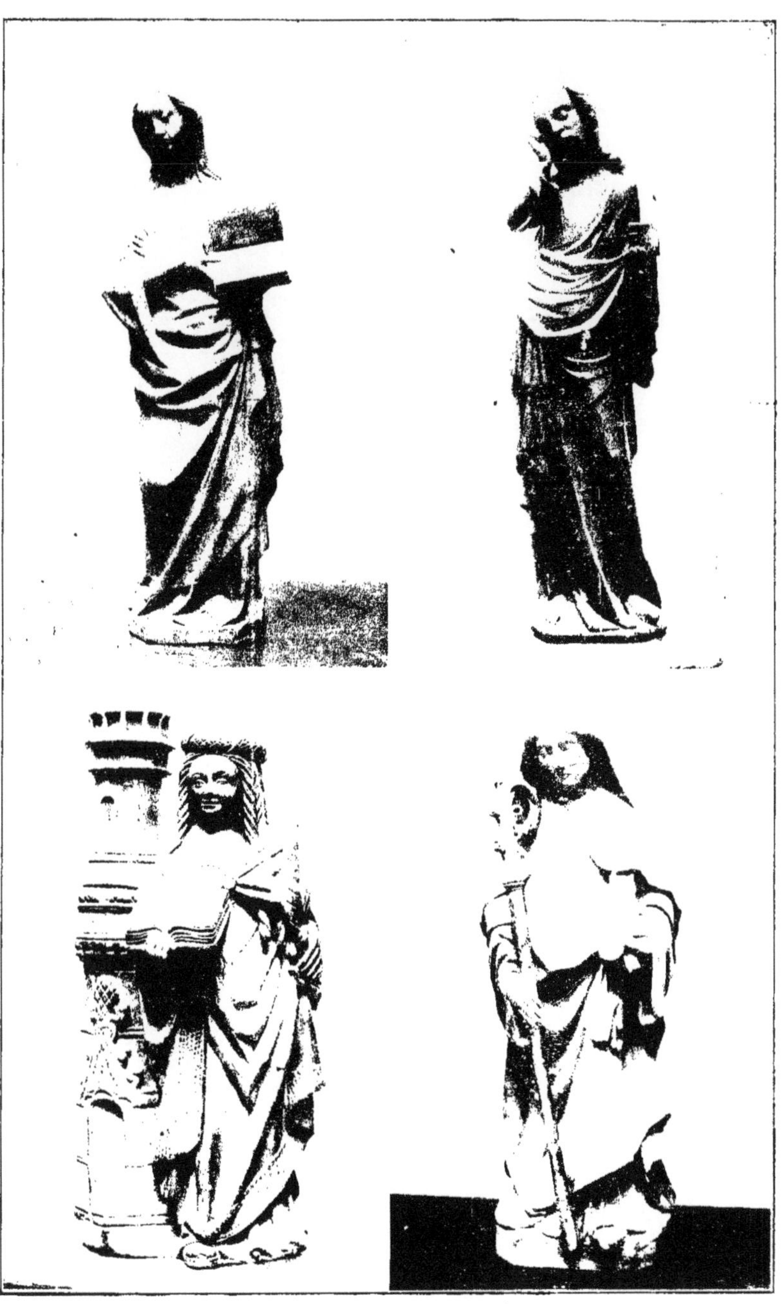

N° 39

N° 41

33 — Buste de femme, marbre; provenant du château de Saint-Cloud. Époque Régence.

34 — Gaine en marbre blanc, formée d'une statue d'Hercule tenant la massue. — Haut., 1 m. 40 cent.

35 — Deux bustes : Homme et femme, marbre blanc. Fin du XVIe siècle.

36 — Buste d'évêque portant la mitre, la chape garnie de mors et de bandes ornées. Pierre. XVIe siècle.

37 — Statue de sainte Marie-Magdeleine; les bras en croix sur la poitrine, elle tient un livre ouvert de la main droite. Pierre. XVe siècle. — Haut., 80 cent.

38 — Statue de saint Jean l'Évangéliste. La main gauche, tenant relevés les plis de son manteau, soutient l'Évangile. Bois de chêne. Commencement du XVe siècle. — Haut., 1 mètre.

39 — Statue de sainte Barbe. Appuyée contre une tour de style gothique, elle tient dans la main droite l'Évangile ouvert, et la palme dans la main gauche. Traces d'ancienne polychromie. Pierre. XVIe siècle. — Haut., 65 cent.

40 — Statue de donatrice. Agenouillée devant un prie-Dieu, la main appuyée sur un livre d'Heures dont elle semble expliquer le texte. Ancienne polychromie. Bois. Espagne, fin du XVIe siècle. — Haut., 1 mètre.

41 — Statue d'évêque mitré. Dans la main droite, la crosse est en partie brisée et de la main gauche il soutient une sorte de châsse. Pierre. XVe siècle. — Haut., 1 m. 20 cent.

42 — Statue de saint Valéry, abbé mitré. Il tient un évangéliaire et des gants dans la main gauche, la main droite tient la crosse ; la tête est couverte d'une sorte de capulet. Pierre. XVe siècle. — Haut., 80 cent.

ARMES

43 — Épée de fonctionnaire, poignée de nacre garnie de bronze argenté. XIXe siècle.

44 — Couteau de chasse, poignée en corne, coquille et ornement de fourreau en bronze doré. XIXe siècle.

45 — Épée à poignée, garde et coquille en fer ciselé et ajouré, lame à double tranchant gravée. Marque *S. H. I.* Époque Louis XIV.

46 — Épée à poignée, garde et coquille en fer ciselé et repercé, lame triangulaire gravée. Époque Louis XIV.

47 — Épée à poignée, coquille et pommeau en fer ciselé et repercé, lame triangulaire gravée. Époque Louis XIV.

48 — Épée à poignée et coquille en bronze poli, pommeau casque, lame bleuie. Époque Louis XIV.

49 — Épée à poignée et coquille en bronze ciselé et repercé, lame triangulaire gravée. Époque Louis XVI.

50 — Épée à poignée, coquille et pommeau en fer ciselé et repercé, partiellement doré, lame à double tranchant. XVIIIe siècle.

51 - Épée à poignée, coquille et garde en bronze poli, décors de feuilles et grappes de raisin, lame à double tranchant gravée. Époque Louis XIV.

52 — Épée de dame, à poignée et coquille de fer damasquinées d'argent, lame triangulaire. XVII.e siècle.

53 – Épée à poignée de cuivre polie et repercée, large coquille, pommeau casqué, traces de dorure, lame triangulaire. Époque Louis XIV.

54 — Épée à poignée, garde et coquille en cuivre doré, lame à double tranchant. Époque Louis XV.

55 — Épée à poignée, garde et coquille en argent cloutée, lame triangulaire. Époque Louis XVI.

56 — Épée à garde et coquille en cuivre ciselé et repercé, fusée laitonnée, lame triangulaire. Époque Louis XIV.

57 — Deux sabres wallons, garde en fer forgé, fusée en bois torsadé, large lame. Fin du XVIe siècle.

58 — Épée wallonne, garde en fer forgé, pommeau en bronze à tète de lion, large lame. Fin du XVIe siècle.

59 — Épée à garde, fusée et coquille en argent cloutée, lame rectangulaire gravée et bleuie. Époque Louis XVI.

60 — Épée à poignée et coquille en bronze ciselé et doré, lame triangulaire gravée et bleuie. Époque Louis XVI.

61 — Épée de chevet en fer damasquiné d'argent, coquille armoriée, lame triangulaire avec traces d'incrustations d'or. Époque Louis XIII.

62 — Épée à poignée et coquille en fer décorée de personnages, très finement ciselée, lame triangulaire. Époque Louis XIV.

63 — Épée à garde, coquille et pommeau en fer ciselé et repercé, lame triangulaire. Époque Louis XIV.

64 — Épée à garde-coquille et pommeau en fer forgé et ciselé, fusée laitonnée, lame marque : ***I. H. S. Solingen.***

65 — Épée à coquille, garde et pommeau en cuivre ciselé, à motifs de chasse, lame triangulaire gravée. Époque Louis XIV.

66 — Épée à garde, coquille et pommeau en fer repercé, lame triangulaire portant l'inscription :

« *Ne me tirez pas sans raison*
« *Ne me remettez pas sans honneur.* »

Époque Louis XIV.

67 — Épée à coquille et pommeau en fer repercé et ajouré, lame triangulaire. Époque Louis XIV.

68 — Épée à garde, coquille et pommeau en fer ciselé, ornementation de trophées guerriers et d'instruments de musique, fusée en fils d'argent torsadés. Époque Régence.

GLACES, SIÈGES, MEUBLES

69 — Glace dans un cadre en bois sculpté doré Louis XVI.

70 — Petite glace dans un cadre en bois sculpté doré d'époque Louis XVI.

71 — Baromètre-thermomètre en bois sculpté doré, d'époque Louis XVI.

72 — Baromètre en bois sculpté doré, de forme médaillon entouré de feuilles, soutenu par un ruban à glands. Époque Louis XVI.

73 — Fauteuil en bois sculpté foncé de canne. Époque Louis XIV.

74 — Quatre grands fauteuils et deux chaises à haut dossier, bois sculpté doré. Ils sont couverts d'étoffe rouge. Espagne, fin du XVIIe siècle.

75 — Stalle à accotoirs et dais mouluré, bois de noyer. Fin du XVIe siècle.

76 — Petite table-bureau acajou à un tiroir : dessus cuir. Époque Restauration.

77 — Meuble, formant prie-Dieu, en palissandre, orné de sujets de piété.

78 — Console en acajou à colonnes, tiroir et fond de glace, ornements de bronzes dorés ; dessus marbre. Époque Empire. — Larg., 1 m. 30 cent.

79 — Table tricoteuse à un tiroir, pieds en forme de lyres, entrejambes supportant une tablette. Époque Restauration.

80 — Table en noyer, à un tiroir. Époque Henri II. — Larg., 1 mètre ; prof., 60 cent.

81 — Porte en noyer sculpté, motifs de feuilles et ornements sur les panneaux, entourage à chaine d'oves. Contreface moulurée. Époque Henri II.

82 — Bureau, de style Louis XVI, bois de placage, orné de bronzes ; il contient dix tiroirs à double face ; le dessus est garni d'un cuir gaufré.

83 — Table tric-trac en acajou à deux tiroirs : dessus recouvert d'un cuir. Pions en ivoire blanc et vert. Fin du XVIIIe siècle.

84 — Table-coiffeuse en bois de placage, rose et palissandre, encadrements à filets verts, abattant à glace, tiroirs et compartiments. Époque Louis XVI.

85 — Table à jeux en acajou clair, dessus se dépliant formant table carrée : elle est ornée de quarts de ronds et de canaux en cuivre, les pieds sont garnis de denticule en bronze. Époque Louis XVI. — Larg., 90 cent.; prof. fermé, 45 cent.

86 — Console-desserte en acajou satiné, à trois tiroirs ; les côtés arrondis supportent trois tablettes, chutes à tête de bélier, entrées, anneaux de tirage, tablier et sabots en bronze ; dessus de marbre. Elle porte l'estampille du maître ébéniste *Dautriche*. Époque Louis XVI. — Larg. du marbre, 1 m. 10 cent.; prof. du marbre, 48 cent.

87 — Armoire normande en chêne sculpté, à motifs de fleurs, feuille d'acanthe, perles et rais-de-cœur, coins cannelés. Fin du XVIIIe siècle.

88 — Grande armoire à deux corps, fermant à quatre portes et munie de deux tiroirs ; les panneaux, décorés d'un motif ovale autour duquel s'inscrivent des arabesques, sont séparés par des colonnettes cannelées ornées de feuilles de lierre et de chapiteaux à volutes soutenant une corniche moulurée à pendentifs. École Lyonnaise de la fin du XVIe siècle. — Haut., 1 m. 95 cent.; larg., 1 m. 45 cent.

89 — Paravent à deux feuilles en toile peinte : Paysage entouré d'ornements. Époque Régence.

CATALOGUE

DE

DESSINS

AQUARELLES, PASTELS

DE L'ÉCOLE FRANÇAISE DU XVIIIe SIÈCLE

ŒUVRES DE

Carmontel, Clodion, Cochin, Ducreux
Fragonard, Gravelot, Greuze, Houel, Lépicié, Le Prince
Saint-Aubin, Trinquesse, Watteau, etc.

TERRES CUITES

Dépendant de

LA COLLECTION DE M. G. M....

TABLEAUX, PASTELS, AQUARELLES, DESSINS

ŒUVRES DE

Boucher, Coypel, Guardi, etc.

APPARTENANT A DIVERS

ET DONT LA VENTE AURA LIEU

HOTEL DROUOT, SALLE N° 10

Le Mercredi 18 Mai 1898

à trois heures

COMMISSAIRE-PRISEUR	EXPERTS
Me PAUL CHEVALLIER	**MM. FÉRAL Père & Fils**
10, rue de la Grange-Batelière, 10	54, Faubourg-Montmartre, 54

EXPOSITION PUBLIQUE

Le Mardi 17 Mai 1898, de une heure et demie à cinq heures et demie

CONDITIONS DE LA VENTE

Elle sera faite au comptant.

Les acquéreurs paieront *cinq pour cent* en sus des adjudications.

Paris. — Imp. de l'Art. E. Moreau et Cie, 41, rue de la Victoire.

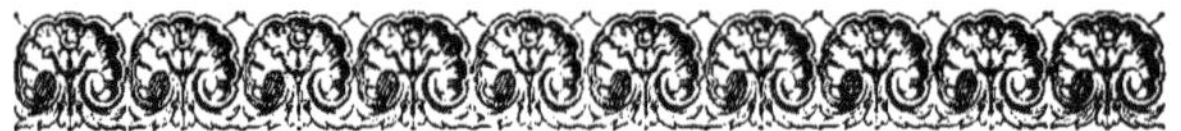

COLLECTION DE M. G. M...

DESSINS
AQUARELLES, PASTELS

CARMONTEL
(LOUIS-CARROGIS Dit)
1717-1806

1 — *Portrait de Brizard, tragédien, dans le rôle de Narbar* (*Mérope*).

En pied, de profil à droite, les cheveux gris flottant sur les épaules, les mains jointes dans une attitude de prière. Il est vêtu d'une robe jaune et d'un manteau garni de fourrure noire.

Le dessin porte, au dos, de l'écriture de Carmontel :

« Brissard, un des plus célèbres acteurs tragiques du XVIIIe siècle, dessiné en 1766 par Carmontel. L'Impératrice Catherine II en fit demander une copie à l'auteur par le baron de Grimm, l'ex-résident, alors à Paris pour tout ce qui avoit rapport aux relations de cette princesse avec les sçavants, les littérateurs et les artistes célèbres. Brissard est ici représenté dans le rôle de Narbar. »

Aquarelle. Crayons noir et de couleur.

Haut., 31 cent.; larg., 19 cent.

Cadre ancien en bois sculpté et doré.

CARMONTEL
(LOUIS-CARROGIS Dit)

2 — *Portrait de Mme de Ségur, mère du maréchal, avec son petit-fils.*

De profil à gauche, assise dans un ample fauteuil, son chat sur les genoux, elle lorgne le petit garçon debout devant elle, un panier à la main.

Au dos, de l'écriture de Carmontel :

« Madame la Comtesse de Ségur et le petit gaillard. Cette dame était la mère du Maréchal. »

Le « petit gaillard » est le Comte de Ségur (1756-1805).

Madame de Ségur était fille du Régent.

Aquarelle.

Haut., 27 cent.; larg., 17 cent.

Cadre ancien en bois sculpté et doré.

CARMONTEL
(LOUIS-CARROGIS Dit)

3 — *Portrait de la marquise de Ségur, née de Vernon, femme du maréchal.*

Assise, de profil à droite, coiffée d'un chapeau orné de plumes, un petit chien sur les genoux. Au fond, un parc à la française.

Au dos, de l'écriture de Carmontel :

« Madame la Marquise de Ségur. Dessiné en 1763 par Carmontel. »

Aquarelle.

Haut., 29 cent.; larg., 17 cent.

Cadre ancien en bois sculpté et doré.

CARMONTEL

(LOUIS-CARROGIS Dit)

4 à 6 — *Vues de Parcs, avec nombreux personnages.*

Trois aquarelles en transparent.

Haut., 32 cent.; larg., 38 cent.

CLODION

(1733-1814)

7 — *Projets de sculptures, sur une même feuille.*

Croquis à la plume.

Signé : Clodion.

Haut., 22 cent.; larg., 30 cent.

COCHIN

(C.-N. fils)

1715-1790

8 — *Portrait de Cl. Gros de Boze, de l'Académie française, garde du cabinet des médailles.*

De profil, à gauche, dans un médaillon retenu par un nœud de ruban.

Au bas du dessin : « Dessiné par Cochin le fils 1752. »

Dessin à la mine de plomb.

Haut., 19 cent.; larg., 14 cent.

Beau cadre de l'époque Louis XVI, en bois sculpté et doré.

COCHIN

(C.-N. fils)

1715-1790

9 — *Don Quichotte lavé par les dames de la Duchesse.*

« Deux grandes estampes de la suite de l'*Histoire de Don Quichotte*, grandeur des contes de Larmessin, dessinées par Cochin fils. L'une qui représente Don Quichotte à qui l'on fait la barbe, est gravée par Louise-Magdeleine Horthemels, mère de M. Cochin fils; l'autre, où l'on voit Don Quichotte lassé par deux dames à un bal, est gravée par Ravenet. Hauteur : 10 pouces 6 lignes, sans le titre ; longueur : 12 pouces 6 lignes

Ces mêmes estampes, ainsi que toutes les autres de la suite, ont été réduites et gravées en petit, en Hollande, par P. Tanjer, pour un livre intitulé *les Principales aventures de Don Quichotte*, in-4°. La Haye 1746. »

(*Catalogue de l'Œuvre de Cochin*, par CH.-ANT. JOMBERT, Paris, Prault 1770.)

Signé à gauche : C. COCHIN FILIUS DELIN.

Important dessin à la pierre d'Italie sur peau de vélin.

Haut., 28 cent.; larg., 34 cent.

Cadre ancien en bois sculpté et doré.

DOYEN

(GABRIEL-FRANÇOIS)

1726-1806

10 — *Étude pour un plafond.*

Un char soutenu par un nuage est tiré par des amours et des colombes. Le char est rempli d'amours. L'un, en avant, sème des fleurs, un autre tient les guides. D'autres décochent des flèches. Un dernier tient des traits à pleine main.

Signé G. F. DOYEN.

Dessin à la sanguine sur papier gris.

Haut., 25 cent.; larg., 41 cent.

C'est probablement le dessin qui passa le 26 novembre 1810 à la vente du peintre Lemonnier, sous le n° 38, numéro ainsi décrit : « Deux autres dessins, sujets composés pour des plafonds par Natoire et Doyen. Dans celui de Doyen, des amours dans un char. »

Les principales œuvres de Doyen sont en Russie, où il a travaillé longtemps. (Plafond de la grande salle, dite de Saint-Georges, plafond de la chambre à coucher de Paul Ier, plafond de la bibliothèque de l'Ermitage, etc...)

DUCREUX

(JOSEPH)

1737-1802

11 — *Portrait d'Enfant en grand bonnet.*

Charmante étude traitée avec une grande légèreté.

Dessin au crayon noir rehaussé sur papier gris.

Haut., 35 cent.; larg., 24 cent.

Cadre ancien en bois doré et sculpté.

FRAGONARD

(HONORÉ)

1733-1808

12 — *Vue prise dans un parc à l'italienne.*

Entouré d'arbres et de charmilles taillées, un jet d'eau s'élance et retombe dans un bassin dont le trop plein, coulant en cascade entre deux lions de pierre, se déverse dans un réservoir où trois femmes lavent du linge. De chaque côté s'élève une statue.

Dessin à la sanguine.

Haut., 41 cent.; larg., 28 cent.

Cadre ancien en bois sculpté et doré.

FRAGONARD

(Attribué à HONORÉ)

13 — *Portrait d'Enfant qui pleure.*

Dessin à la sanguine.

Haut., 14 cent.; larg., 14 cent.

Cadre ancien en bois sculpté et doré.

GRAVELOT

(BOURGUIGNON dit)

1699-1773

14 — *La Conversation.*

Devant une table ronde où sont posés une bouteille et des verres, sont assis deux jeunes gentilshommes. En face d'eux est assis leur hôte, vieillard à besicles et grande perruque, qui les entretient, le verre à la main.

Fin et spirituel dessin à la sépia.

Haut., 10 cent.; larg., 14 cent.

Cette composition qui n'a pas été gravée a probablement été destinée à illustrer le *Paul Jones* de Fielding.

Cadre ancien en bois doré et sculpté.

(*Collection Audouin.*)

GRAVELOT

(BOURGUIGNON dit)

1699-1773

15 — *L'Amour désarmé.*

Le philosophe, après avoir brisé les flèches de l'Amour, brise son arc. L'Amour le regarde faire, d'un air mutin. Sur la table, une lettre portant les mots : « Phryné à Xénocrate ».

Signé à gauche : H. GRAVELOT.

Plume et sépia.

Haut., 12 cent.; larg., 7 cent.

Cadre ancien en bois sculpté et doré.

(*Collection Audouin.*)

GREUZE

(J.-B.)

1725-1805

16 — *Petite Fille en bonnet rond.*

Dessin à la sanguine mis au carreau pour la gravure.

Haut., 16 cent.; larg., 13 cent.

Cadre en bois sculpté et doré.

GREUZE

(J.-B.)

1725-1805

17 — *Vieillard aveugle.*

Dessin à la sanguine mis au carreau.

Haut., 16 cent.; larg., 13 cent.

Gravé dans : « Têtes de différents caractères, d'après M. Greuze, peintre du Roi; gravées par Carl Weisbrod, dédiées à Mme la comtesse de Bentinck... »

Sanguine.

Haut., 16 cent.; larg., 13 cent.

Cadre ancien en bois sculpté et doré.

HOUEL

(J.)

1735-1813

18 — *Vue de la Seine aux environs de Rouen.*

A gauche, se détachent, sur de grands arbres, des tourelles et une terrasse d'où un escalier descend dans la rivière qui coule sur la droite. Au fond, l'entrée d'un port, des mâts, un vaisseau couché sur le flanc.

Pierre d'Italie et lavis.

Composition gravée par Demarteau (n° 140).

Haut., 23 cent.; larg., 43 cent.

Cadre ancien en bois doré et sculpté.

ISABEY

(Attribué à J.-B. père)

1767-1853

19 — *Portrait présumé de Madame, mère de Napoléon Ier.*

De profil à gauche, en buste, coiffée d'un bonnet blanc garni de rubans et de dentelles; elle porte des boucles d'oreille et une collerette blanche montante. Un châle est croisé sur sa poitrine.

Dessin au crayon noir et à l'estompe sur vélin.

Haut., 49 cent.; larg., 36 cent.

Cadre ancien en bois sculpté et doré.

LE PAON

(J.-B.)

1738-1785

20 — *Troupes en campagne.*

Au centre de la composition, près d'une tour à demi-cachée par les arbres, un officier, pied à terre, interroge un prisonnier que lui amènent plusieurs cavaliers. Près de ce groupe, un dragon tenant deux chevaux en main. A gauche, un détachement en marche. A droite, une vallée traversée par un convoi. Vaste horizon.

Important dessin à la sépia. Signé des initiales L. P.

Haut., 35 cent.; larg., 57 cent.

Cadre ancien en bois sculpté et doré.

LÉPICIÉ

(NICOLAS-BERNARD)

1735-1784

21 — *La Demande accordée.*

Un intérieur de paysans. Au centre, la mère assise près de sa fille qui, debout, les yeux baissés, écoute la demande en mariage. A gauche, près de la fenêtre, le père regarde la scène en souriant, deux enfants plus jeunes auprès de lui.

Signé à gauche : Lepicié. A droite, marque de la collection F. R.

Plume et sépia.

Haut., 23 cent.; larg., 28 cent.

Étude pour le tableau de Lépicié, qui se trouve au Musée de Cherbourg. Il en existe une lithographie moderne.

Cadre ancien en bois sculpté et doré.

(*Collection Audouin.*)

LE PRINCE

(J.-B.)

1733-1781

22 — *Paysannes Russes.*

Deux jeunes femmes, debout, derrière une vieille, assise, enveloppée d'un ample vêtement qui lui couvre la tête.

Sanguine.

Haut., 28 cent.; larg., 23 cent.

Composition gravée par Demarteau (n° 247).

Cadre ancien en bois sculpté et doré.

LE PRINCE

1733-1781

23 — *La Récréation champêtre.*

Sous des arbres, un jeune paysan russe joue de la guitare. Deux jeunes femmes l'écoutent : l'une, debout, près d'une vache ; l'autre, assise, et caressant un agneau.

Dessin à la sépia.

Haut., 28 cent.; larg., 22 cent.

Première pensée d'une composition gravée en 1769.

Cadre ancien en bois sculpté et doré.

LETHIÈRE

(G.)

1760-1832

24 — *Scène Antique.*

Sur un siège élevé, de profil à droite, est assise une femme dans l'attitude d'une profonde douleur. Près d'elle, une suivante. Un vieillard, le front ceint d'un diadème, l'aborde, soutenu par deux jeunes filles. Il semble lui adresser des consolations.

Dessin au crayon noir rehaussé, sur papier bleu.

Haut., 29 cent.; larg., 34 cent.

SAINT-AUBIN

(GABRIEL De)

1724-1783

25 — *Scène de « La Pucelle », de Voltaire.*

Une femme casquée est couchée sur un lit. A côté du lit, un âne. Un homme entre, l'air étonné, en mettant la main sur son épée.

Au dos :

« Il entre, il voit, ô prodige, ô merveille. — Le possédé porteur de longues oreilles ! »

Dessin au bistre sur trait de plume.

Haut., 16 cent.; larg., 21 cent.

Cadre ancien en bois sculpté et doré.

SAINT-AUBIN

(GABRIEL De)

1724-1783

26 — *Chèvre et Bacchante.*

Croquis au crayon noir sur papier blanc, avec les mots : *Une baccante carressée par une chèvre amoureuse.*

Haut., 26 cent.; larg., 18 cent.

Cadre ancien en bois sculpté et doré.

TRINQUESSE

(L.)

27 — *Jeune Femme en costume Louis XVI.*

Debout, coiffée d'un chapeau à plumes, vêtue d'un corsage à manches bouillonnées et d'une ample jupe à grands paniers, elle tourne la tête sur l'épaule gauche pour regarder derrière elle.

Signé à gauche : TRINQUESSE f...

A droite, marque de la Collection Bergeret.

Au dos, de l'écriture du dessinateur : *Je suis trop heureux, Monsieur, de compter assez sur votre indulgence, pour vous prier d'accepter cette légère marque de l'estime sincère avec laquelle je suis, pour la vie, votre très-humble et très-obéissant serviteur.*

TRINQUESSE.

Pour Monsieur Le Norman du Coudret, à Orléans, le 29 octobre 1786.

Haut., 34 cent.; larg., 22 cent.

Cadre ancien en bois sculpté et doré.

(*Collection Cournerie.*)

VAN DER MEULEN

(A.-F.)

1632-1690

28 — *Rendez-vous de chasse.*

Une clairière parsemée de rochers. Au premier plan, des chiens couplés, des hommes à pied, le fusil sur l'épaule, plusieurs cavaliers. Au fond, débouche un carosse à six chevaux.

Signé au dos : VANDER MEULEN.

Dessin à la pierre d'Italie sur papier blanc.

Haut., 30 cent.; larg., 44 cent.

Cadre ancien en bois sculpté et doré.

WATTEAU

(ANTOINE)

1684-1721

29 — *Trois Figures.*

1° Femme vue de dos, dans une attitude de danse. Elle relève sa jupe de la main gauche et donne la main droite.

2° Personnage en longs cheveux, coiffé d'une calotte. D'une main, il tient son chapeau contre sa poitrine ; de l'autre, il s'appuie sur une canne.

3° Femme assise sur un tertre. Elle est de profil à droite, la tête et le haut du corps tendus en avant.

Gravées par Caylus, dans les « Figures de différents caractères ».

Un dessin à la sanguine et deux contre-épreuves.

Haut., 14 cent ; larg., 8 cent.

Dans la « Suite de figures inventées par Watteau, gravées par son ami C*** (Caylus) », qui n'est qu'un deuxième tirage des eaux-fortes de Caylus, exécutées pour les Études des différents caractères, le nº 1 du cadre (nº 3 de la série) a comme titre *Linda,* le nº 3 (nº 14 de la série), *Finette.*

Cadre, de l'époque Louis XV, en bois sculpté et doré.

(*Collection Vitu.*)

WATTEAU

(Attribué à ANTOINE)

30 — *Quatre Figures.*

1° Homme debout, campé sur le pied gauche, le manteau relevé par l'angle de son bras gauche posé sur la hanche.

2° Mezzetin debout, vu de dos, le corps penché à gauche, le pied gauche ne posant à terre que de la pointe.

3° Homme vu de dos, faisant de son bras gauche étendu un geste de commandement.

4° Personnage marchant courbé, la main droite appuyée sur une canne, la gauche rejetant derrière lui son manteau.

Gravées par Caylus, dans les « Figures de différents caractères ».

Dessins à la sanguine.

Haut., 13 cent.; larg., 7 cent.

Dans la « Suite de figures, etc... », le n° 3 du cadre (n° 6 de la série) s'appelle *Me Pierre,* le n° 4 du cadre (n° 10 de la série), *le Beau Cléon.*

Cadre, de l'époque Louis XV, en bois sculpté et doré.

(*Collection Vitu.*)

ÉCOLE FRANÇAISE

31 — *Portrait de Sophie Arnoult.*

La célèbre cantatrice est représentée en buste. Ses yeux remplis de larmes sont levés au ciel ; elle est vêtue d'une robe noire décolletée en pointe sur la poitrine. De sa haute coiffure poudrée, couverte d'un voile noir, s'échappent deux boucles tombant sur les épaules.

C'est le costume de « Thélaïre, fille du Soleil », dans *Castor et Pollux*, opéra de Rameau, rôle de prédilection, dans lequel Sophie Arnoult parut à Versailles, le 9 juin 1776, lors de la représentation donnée pour le mariage de Marie-Antoinette.

Pastel ovale.

Ce remarquable portrait est entouré d'un cadre de chêne sculpté et doré, de l'époque Louis XVI, surmonté d'une lyre couronnée de roses derrière laquelle s'entrecroisent deux rameaux de laurier reliés par un ruban flottant. Deux figures de jeunes femmes nues, à mi-corps, terminées en hermès feuillagés s'appuient sur les côtés du cadre.

Le portrait appartenait au Dr Molloy. Son père, ancien économe de l'asile de la Salpêtrière, l'avait reçu en legs d'une vieille amie ou parente de Sophie Arnoult, réfugiée dans cet établissement. De tradition, le pastel aurait été exécuté par La Tour.

Hauteur, à l'intérieur du cadre, 64 cent.
Largeur, à l'intérieur du cadre, 53 cent.
Hauteur, à l'extérieur du cadre, 1 m. 19 cent.
Largeur, à l'extérieur du cadre, 90 cent.

(*Vente du Dr Molloy.*)

ÉCOLE FRANÇAISE

32 — *Préparation de pastel.*

Haut., 25 cent.; larg., 21 cent.

Cadre ancien en bois sculpté et doré.

ÉCOLE FRANÇAISE

33 — *Scène de comédie.*

Composition pour les *Fâcheux*, de Molière.

Dans un intérieur rocaille, deux gentilshommes sont assis : l'un, le chapeau sur la tête, cause avec vivacité. Au fond, un troisième personnage s'esquive en bâillant.

Plume et sépia.

Haut., 14 cent.; larg., 8 cent.

Cadre ancien, très fin, en bois sculpté et doré.

ÉCOLE FRANÇAISE

34 — *Vues d'un parc.*

Quatre spirituels dessins animés de nombreux personnages.

Plume et sépia.

Haut., 35 cent.; larg., 43 cent.

(Ce numéro sera divisé.)

ÉCOLE FRANÇAISE

35 — *Cérémonie dans l'église Saint-Pierre, à Rome.*

« Décoration faite à Saint-Pierre, à l'occasion de la Béatification d'un saint, le 26 novembre 1775, sous le pontificat de Pie VI. »

Aquarelle.

Datée 1775.

Haut., 22 cent.; larg., 16 cent.

ÉCOLE FRANÇAISE

36 — *Portrait de M. Le Bœuf.*

Jeune Femme en bonnet, de profil à gauche.

Deux dessins à la mine de plomb, sous le même verre.

Haut., 14 cent.; larg., 12 cent.

Cadre en bois sculpté.

ÉCOLE ITALIENNE

37 — *Faune vu de dos.*

Dessin au crayon noir sur papier bleu.

Haut., 27 cent.; larg., 11 cent.

(*Collection Jean Gigoux.*)

BOILLY

(JULES)

D'après P. PRUD'HON

38 — *Thémis.*

Dessin au crayon noir rehaussé.

Haut., 40 cent.; larg., 50 cent.

TERRES CUITES

CLODION

(Attribué à CLAUDE-MICHEL dit)

1740-1814

39 — *Mercure embrasse une jeune femme endormie, étendue sur un lit à l'Antique. L'Amour écarte son voile.*

Ébauche d'un travail large et puissant.
Signée : CLODION.

Haut., 26 cent.; larg., 15 cent.; long., 25 cent.

Socle en marbre bleu turquin à tore de feuille de laurier en bronze ciselé et doré.

PAJOU

(A.)

40 — *Buste d'Homme, aux cheveux longs retenus par un bandeau.*

Signé et daté 1757, *Juliet. A. Pajou.*
Grandeur nature.

TABLEAUX

PASTELS, AQUARELLES, DESSINS

APPARTENANT A DIVERS

BERNE-BELLECOUR

(E.)

DEUX PENDANTS

41 — *Soldats en embuscade.*

Dessins à la plume, avec léger lavis d'encre de Chine.

Haut., 16 cent.; larg., 10 cent.

BOUCHER

(FRANÇOIS)

42 — *Étude de Paysans.*

Composition de sept figures : hommes, femmes et enfants.

Dessin au crayon noir, rehaussé de blanc.

Haut., 27 cent.; larg,, 43 cent.

BOUCHER

(FRANÇOIS)

43 — *Nymphe et Amours.*

Dessin au crayon noir rehaussé de blanc.

Haut., 31 cent.; larg., 25 cent.

CASANOVA

44 — *La Halte.*

A droite, des paysans et leurs chevaux au repos près d'un rocher.

A gauche, deux cavaliers dont l'un a mis pied à terre ; au centre et vers le fond, un groupe d'hommes et de chevaux.

Dessin à l'encre de Chine, rehaussé de blanc sur papier gris.

Haut., 32 cent.; larg., 65 cent.

COYPEL

(CHARLES)

1694-1742

45 — *Portraits de Philippe Coypel et de sa Femme.*

Le frère de l'artiste est debout, vu de face, légèrement incliné dans l'embrasure d'une fenêtre. Il fait un geste de la main droite. Sa femme, couverte d'un mantelet de soie jaune, coiffée d'un bonnet, élégamment parée de dentelles, d'un collier de perles et de pendants d'oreille, est accoudée sur un coussin bleu couvrant l'appui de la fenêtre et tient un éventail de la main droite.

Important pastel d'une remarquable exécution.

Signé et daté 1742.

Haut., 92 cent.; larg., 73 cent.

GAVARNI

46 — Trois compositions pour *les Voyages de Gulliver*.

Les deux premières le représentent au pays des géants, la troisième chez les Liliputiens.

Aquarelles.

Haut., 23 cent.; larg., 16 cent.

GUARDI

47 — *Ruines italiennes.*

A gauche, un portique et des arbustes. Plus loin, une construction à terrasse. Au centre, plusieurs figures.

Charmant petit tableau.

Bois. Haut., 15 cent.; larg., 11 cent.

Cadre en bois sculpté.

LAVREINCE

(Genre de)

48 — *Scène d'Intérieur.*

Une jeune femme, en costume du temps de Louis XVI, est assise dans un fauteuil, près d'une cheminée, et tournée de trois quarts vers la droite. Elle tient un chien sous le bras et regarde un chat, que lui présente une servante debout devant elle.

Aquarelle.

Haut., 20 cent.; larg., 14 cent.

Cadre en bois sculpté.

LE PRINCE

(Attribué à)

49 — *Portrait d'une Actrice.*

Représentée debout, presque de face, dans un intérieur du temps de Louis XVI, la main gauche sur la hanche et faisant un geste, de la main droite, vers un guéridon où est posé un vase de fleurs. Les cheveux relevés, poudrés et retombant en boucles sur les épaules. Coiffée d'une toque ornée de plumes et d'un turban de mousseline voltigeant derrière elle. Vêtue d'une robe de soie blanche enrichie de bijoux et de chaînes de perles, décolletée, courte et en partie relevée sur la gauche. Elle porte un manteau de couleur lie de vin à longue traîne et bordé d'hermine.

Charmant tableau.

Toile. Haut., 59 cent.; larg., 46 cent.

Cadre en bois sculpté.

SAUNIER

(OCTAVE

DEUX PENDANTS

50 — *Effet d'Hiver.*

51 — *Effet d'Automne.*

Paysages.
Aquarelles signées et datées 1870.

Haut., 32 cent.; larg., 23 cent.

SAUNIER

(OCTAVE)

52 — *L'Étang.*

Aquarelle signée et daté 1870.

Haut., 22 cent.; larg., 32 cent.

VIGÉE-LEBRUN

(Mme L.-E.)

53 — *Vue du Lac de Thoun.*

Pastel.

Haut., 18 cent.; larg., 23 cent.

54 — *Vue du Lac de Lucerne.*

Pastel.

Haut., 19 cent.; larg., 28 cent.

ÉCOLE FRANÇAISE

55 — *Le Concert.*

Une élégante compagnie de dames et de gentilshommes richement vêtus est réunie dans une salle de spectacle, les uns debout, d'autres assis, et attendant le lever du rideau.

Gracieuse aquarelle, de forme ovale.

Haut., 24 cent.; larg., 19 cent.

Cadre en bois sculpté.

ÉCOLE FRANÇAISE

56 — *Portrait d'un Acteur.*

Vu en buste, presque de face, coiffé d'un large bonnet, il porte une collerette plissée autour du cou.
Dessin, de forme ronde, à l'encre de Chine.

Diam., 32 cent.

www.ingramcontent.com/pod-product-compliance
Ingram Content Group UK Ltd.
Pitfield, Milton Keynes, MK11 3LW, UK
UKHW020521180726
13839UKWH00005B/2225

9 782329 509686

www.ingramcontent.com/pod-product-compliance
Ingram Content Group UK Ltd.
Pitfield, Milton Keynes, MK11 3LW, UK
UKHW020527180726
13839UKWH00005B/2364

9 782329 611365

97 — Tapisserie des Flandres : Les Bergers d'Arcadie ; bordure à fleurs et fruits. Époque Louis XIV. — Haut., 2 m. 80 cent.; larg., 2 m. 30 cent.

98 — Tapisserie des Flandres, représentant l'Enlèvement des Sabines ; bordure de fleurs. Époque Louis XIV. — Haut., 2 m. 70 cent.; larg., 3 m. 15 cent.

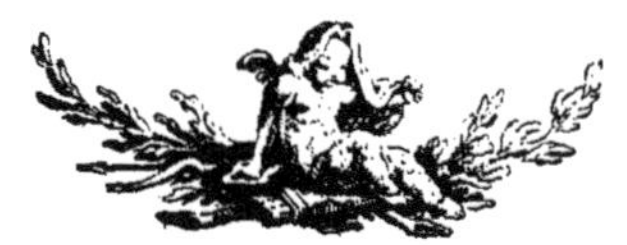

TAPIS, TAPISSERIES

90 — Dessus de coussin en brocart tissé de métal sur fond vert. Louis XIV.

91 — Tapis persan, à dessins sur fond rouge; médaillon central sur fond bleu. — 2 m. 10 cent. sur 1 m. 35 cent.

92 — Tapis persan, à dessins géométriques sur fond rouge; encadrement à fleurs de pommiers sur fond noir. — 1 m. 80 cent. sur 1 m. 20 cent.

93 — Tapis persan, à dessins géométriques sur fond bleu: encadrement clair, bordure rouge. — 2 mètres sur 1 m. 15 cent.

94 — Grand tapis Shumak, à dessins géométriques su fond rouge et bleu: encadrement à fond jaune. — 3 m. 25 cent. sur 1 m. 95 cent.

95 — Grand tapis Korassan, à petits dessins sur fond bleu foncé; encadrement sur fond rouge. — 5 m. 80 sur 2 m. 20 cent.

96 — Tapisserie des Flandres: Esther aux pieds d'Assuérus; bordures à fleurs et rubans (manque la bordure du bas). Époque Louis XIV. — Haut., 2 m. 50 cent.; larg., 2 m. 55 cent.

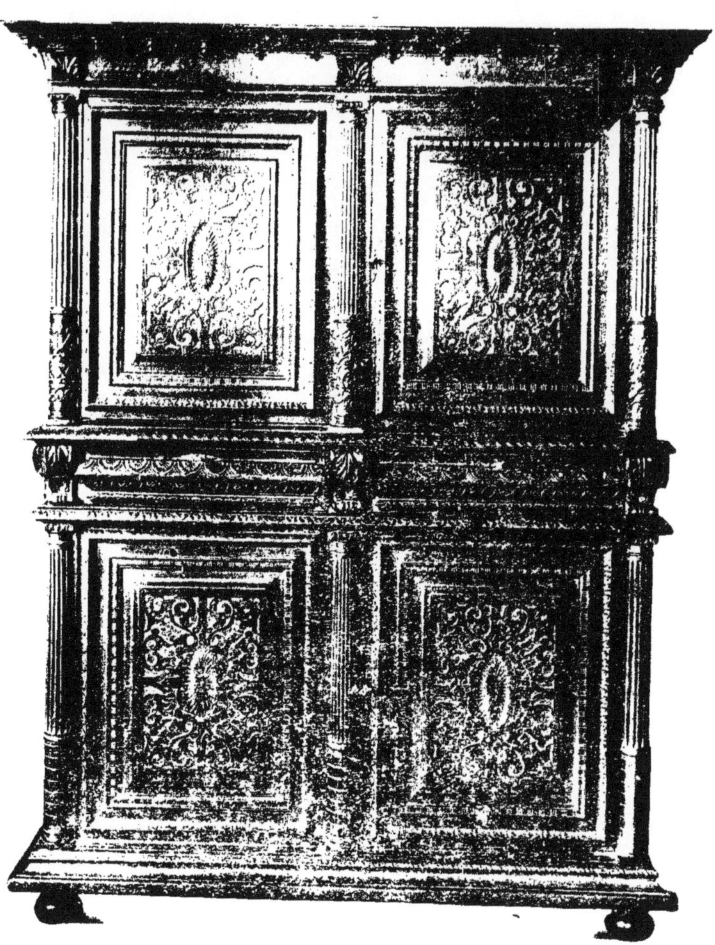

N° 88

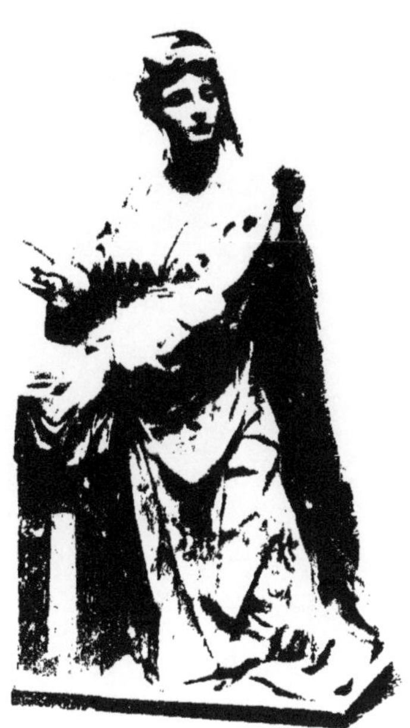

N° 40

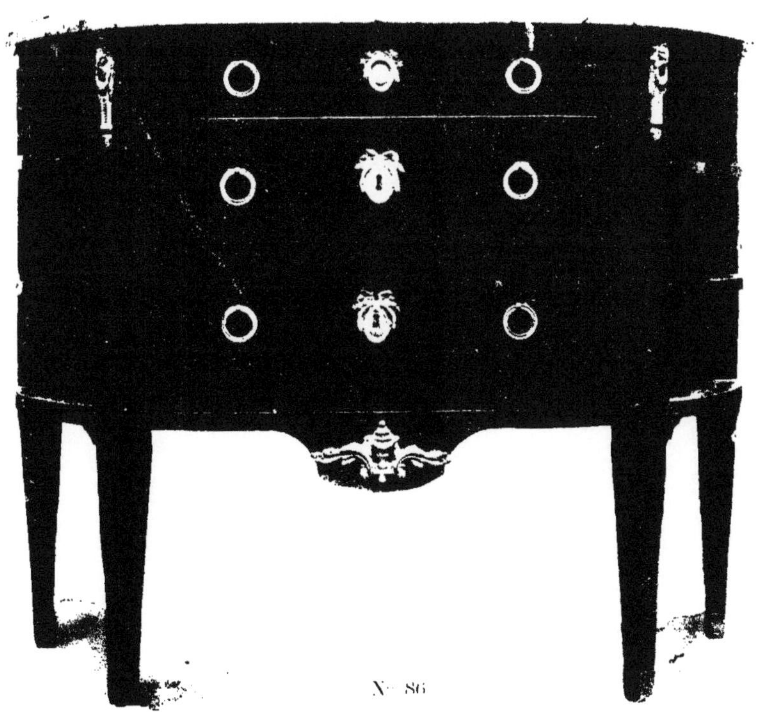

N° 86